LIBER IGNIUM

AD COMBURENDOS HOSTES,

AUCTORE MARCO GRÆCO;

OU

TRAITÉ DES FEUX

PROPRES A DÉTRUIRE LES ENNEMIS,

COMPOSÉ PAR MARCUS LE GREC.

Publié d'après deux Manuscrits de la Bibliothèque Nationale

PARIS,

DE L'IMPRIMERIE DE DELANCE ET LESUEUR.

AN XII.-1804.

AVERTISSEMENT.

Plusieurs Journaux, entre autres le Magazin encyclopédique (*An ix, Tom. v, n°. 19, pag. 376*), nous apprennent, que *M. le Baron d'Aretin, Bibliothécaire de l'Electeur de Bavière, à Munich, a fait une découverte curieuse dans la bibliothèque de cette ville. Un vieux Manuscrit latin du xiiie. siècle lui a présenté un Traité* sur le Feu Grégeois, *qui non-seulement en donne la recette que les savans croyoient perdue, mais qui renferme aussi un procédé pour la fabrication de la poudre à canon, conforme à celui que l'on suit encore de nos jours* : ajoutant que *M. d'Aretin va publier ce Traité avec une Introduction historique.*

Dans un siècle attentif au progrès des Sciences, une pareille annonce a dû naturellement éveiller la curiosité publique, et n'a pu manquer d'attirer l'attention de notre Gouvernement. Des personnes d'un mérite distingué ayant fait remarquer au Ministre de l'Intérieur que, parmi les ouvrages manuscrits conservés dans la Bibliothèque Nationale, il existoit un Traité, *Des Feux propres à détruire les ennemis,* composé par un Grec nommé Marcus, *Liber Ignium ad comburendos hostes, auctore* Marco Græco; le Ministre nous a sur-le-champ invités à lui rendre un compte détaillé de ce que ce Traité pouvoit contenir.

Nous avons effectivement à la Bibliothèque Nationale deux exemplaires manuscrits du *Liber ignium*, dont l'auteur, *Marcus Græcus*, nous est absolument inconnu. Ces exemplaires se trouvent dans les volumes cotés 7156 et 7158, lesquels contiennent beaucoup d'autres morceaux relatifs à la chimie.

Lorsqu'il s'agit de prendre une connoissance exacte de pièces manuscrites, dont l'écriture, confuse en elle-même, est d'ailleurs surchargée d'abréviations, presque toujours le moyen le plus aisé, le plus court et surtout le plus sûr, est de les transcrire mot à mot : nous nous sommes donc trouvés avoir copié le *Liber ignium*, d'un bout à l'autre, en moins de temps, pour ainsi dire, qu'il ne nous en eût fallu pour le lire couramment.

Sans doute nous n'avons pas dû tarder beaucoup à reconnoître qu'aujourd'hui plusieurs des recettes consignées dans cet Ecrit, pussent-elles avoir été jadis mises en usage avec quelque succès, n'auroient pas même le médiocre avantage de paroître nouvelles, puisqu'il nous a été facile de les retrouver dans cet Opuscule, intitulé, *De Mirabilibus Mundi*, que l'on a voulu attribuer à Albert le Grand, et qui a été imprimé plus d'une fois : et, en outre, d'après différens passages qui se rencontrent dans les ouvrages, tant

AVERTISSEMENT.

de Jérôme Cardan que de son antagoniste Jules-César Scaliger, on est fondé à croire que l'un et l'autre auront connu, dans son entier, le morceau attribué à *Marcus Græcus*. Mais, pour s'assurer si le reste de ce que ce morceau contient ne se retrouveroit pas également ailleurs, il faudroit peut-être des recherches assez étendues, auxquelles un travail de tout autre genre, dont nous sommes chargés par le Gouvernement, ne nous laisse point aujourd'hui le loisir de nous livrer.

Dans cette circonstance, où il falloit néanmoins satisfaire avec célérité à la demande d'un Ministre aussi éclairé qu'occupé du soin de propager les connoissances en tout genre, nous avons pensé que la meilleure manière de lui marquer notre zèle, étoit de mettre sans retard tous les savans à portée de décider par eux-mêmes si le *Liber ignium* offroit quelque chose d'utile, ou même simplement de nouveau; et nous nous sommes d'autant plus aisément déterminés à le faire imprimer, que s'il doit se trouver avoir quelque rapport avec le Traité qui se conserve dans la Bibliothèque de Munich, M. le Baron d'Aretin lui-même sera peut-être bien aise d'en être informé d'avance.

N'ayant aucun autre motif pour publier le texte du *Liber ignium*, nous nous bornerons à le représenter fidellement, tel que l'offrent nos deux exemplaires manuscrits : nous n'y ajouterons presque aucune remarque

AVERTISSEMENT.

et aucun commentaire; mais nous noterons au bas des pages les variantes qui peuvent influer sur le sens, et nous citerons ceux des articles, soit du Traité *de Mirabilibus Mundi*, soit des ouvrages de Jérôme Cardan et de Jules Scaliger, qui semblent empruntés de Marcus Græcus.

L'écriture du *Liber ignium*, dans le volume coté 7156, ne sauroit être plus ancienne que la dernière moitié du xive. siècle; non-seulement nous croirions pouvoir l'affirmer d'après la forme du caractère, mais, de plus, cette écriture est la même que celle d'un morceau qui, dans le volume, est joint à celui-là, et semble n'avoir pu être composé que vers 1364 : nous parlons ici de l'ouvrage intitulé, *Liber de septuaginta libris, translatus a Magistro Renaldo Cremonensi.*

Quant à la copie insérée dans le volume 7158, elle ne sauroit être antérieure à la fin du xve. siècle.

LIBER IGNIUM
AD COMBURENDOS HOSTES.

Incipit Liber ignium, a Marcho Greco descriptus, cujus virtus et efficacia ad comburendos hostes, tam in mari quàm in terrâ, plurimum efficax reperitur, quorum primus hic est.

Re. Sandaracæ puræ *l.* 1, Armoniaci[1] liquidi[2] *l.* 1, hæc simul pista et in vase fictili vitrato et luto sapiæ[3] diligenter obturato dimitte; donec liquescat ignis subponatur. Liquoris verò istius hæc sunt signa: ut ligno intromisso per foramen ad modum butiri videatur. Postea vero IIII libras de alkitran græco superfundas. Hæc autem sub tecto fieri prohibentur, quoniam periculum immineret. Cum autem in mari ex ipso operari volueris, de pelle caprinâ accipies utrem, et in ipsum de hujus oleo *l.* II, si hostes prope fuerint intromittes; si vero remoti fuerint plus mittes. Postea verò utrem ad veru ferreum ligabis, lignum adversus veru grossitudinem faciens, ipsum veru inferius sepo perungens. Lignum prædictum in ripâ succendens et sub utre locabis. Tunc vero oleum super veru et super lignum distillans accensum super aquas discurret, et quidquid obviam fuerit concremabit.

Item sequitur alia species ignis, qui comburit domos inimicorum in montibus sitas aut in aliis locis similibus.

Re. Balsami sive petrolei *l.* II, medullæ cannæ ferulæ *l.* se.[4]

---

1. Le Ms. 7158 porte *Amoniaci.*
2. Id. *Ana.*
3. C'est ainsi que nous lisons dans les deux Mss., où les lettres *sapie* semblent être l'abréviation du mot *sapientie;* peut-être faut-il lire *sepie.*
4. *Se.* C'est peut-être l'abrégé de *semissem.* Plus bas, dans un endroit où il est parlé d'une composition à peu près pareille, on lit,

sulphuris *l.* 1, pinguedinis arietinæ liquefactæ *l.* 1; vel oleum terebentinæ, sive de lateribus, vel anetarum : omnibus simul collectis, sagittam quadrifidam faciens de confectione prædictâ replebis. Igne autem intus reposito, in aëre cum arcu dimittes. Ibi enim sepo liquefacto et confectione succensâ, quocumque loco ceciderit, comburet illum, et si aqua superjecta fuerit, augmentabitur flamma ignis.

Alius modus ignis ad comburendos hostes ubicunque sitos.

Re. Basilicum, *al.* balsamum, oleum Ethiopiæ, alkitran et oleum sulphuris. Hæc quidem omnia in vase fictili reposita in fimo diebus xv subfodias. Quo inde extracto corvos eodem perungens ad hostilia loca super tentoria destinabis. Oriente enim sole, ubicunque id liquefactum fuerit accendetur. Verum semper ante solis ortum, aut post occasum ipsos precipimus esse mittendos.

Oleum vero sulfuris sic fit.

Re. Sulfuris $\frac{1}{2}$ IIII; quibus in marmoreo [1] lapide contritis, et in pulverem redactis oleum juniperi $\frac{1}{2}$ IIII admisces; et in caldario pone, ut lento igne supposito distillare incipiat.

Modus autem alius ad idem.

Re. Sulfuris splendidi $\frac{1}{2}$ IIII, vitella ovorum quinquaginta bene contrita, et in patellâ ferreâ lento igne coquantur; et cum ardere inceperit, in alterâ parte patellæ declinans, quod liquidius emanabit, ipsum est quod quæris, oleum scilicet sulfurinum.

Sequitur alia species ignis, cum quâ si prius ignem subicias hostiles domus vicinas [2].

Re. Alkitran, boni olei ovorum, sulfuris quod leviter frangitur, ana $\frac{1}{2}$ 1; quæ quidem omnia commisceantur pista et

medietatem libræ. Il n'est pas probable qu'ici l'on doive lire *sex*.

1. Ms. 7158, *mortario lapideo*.

2. Telle est la leçon des deux Mss. Il manque quelque chose, ou il faut lire *incendas*.

LIBER IGNIUM. 3

ad prunas appone. Cum autem commixti ad collectionem totius confectionis quartam partem ceræ novæ[1] adicies, ut in modum cataplasmatis convertatur. Cum autem operari volueris, vesicam bovis vento repletam accipies, et foramen in eâ faciens, cerâ suppositâ ipsam obturabis. Vesicâ tamen præscriptâ sæpissimè oleo peronctâ, cum ligno marubii, quod ad hoc invenitur aptius, accenso ac semel imposito foramen operies[2]; ea enim accensa, et à filtro quo involuta fuerit extracta, in ventosâ de nocte sub lecto vel tecto inimici tui subponatur; quòcumque enim ventus eam sufflaverit, quicquid propinquum fuerit, comburetur, et si aqua projecta fuerit, letales procreabit[3] flammas. Sub pacis namque specie missis quandoque nunciis ad loca hostilia, baculos gerentes concavos hac materiâ repletos et confectione, qui jam prope hostes fuerint quo fungebuntur[4] ignem jam per domos et vias fundantes, dum calor solis supervenerit, omnia incendio comburentur.

Re. Sandaracæ hora tattinet[5] *li.* 1, in vase vero fictili ore[6] concluso liquescant. Cum autem liquefactum fuerit, medietatem libræ olei lini et sulfuri super adicies. Quæ quidem omnia in eodem vase tribus mensibus in fimo ovino reponantur, verumtamen fimum ter in mense innovando.

Ignis quem invenit Aristoteles, quando cum Alexandro rege ad obscura loca iter ageret[7], volens in eo per mensem fieri

---

1. *Novæ.* Dans le Ms. 7156 ce mot est sousponctué, comme vicieux : dans le Ms. 7158 les deux mots, *ceræ novæ*, sont retranchés.
2. Ms. 7158, *aperies.*
3. Id. *procreat.*
4. *Quo fungebuntur.* Aucun des deux Mss. ne varie.
5. *Hora tattinet ;* telle est la leçon que paroît offrir le Ms. 7156, à moins qu'on ne croye devoir lire, *hora tattanet.* Cette dernière leçon (ou bien *hora tactanet*) est celle du Ms. 7158.
6. *Ore.* Le Ms. 7156 porte *oro.*
7. Ammonius, l'un des commentateurs d'Aristote, prétend qu'Aristote a suivi Alexandre jusque dans

illud quod sol in anno [1] præparat, ut in sperâ de auricalco [2].

Re. Æris rubicundi *li.* I, stagni [3] et plumbi, limaturæ ferri, singulorum medietatem libræ, quibus pariter liquefactis, ad modum astrolabii lamina informetur [4] lata et rotunda, ipsam eodem igne perunctam x diebus siccabis, duodecies iterando; per annum namque integrum ignis idem [5] succensus nullatenus deficiet. Quod si inunctio hæc XIII [6] transcendet numerum, ultra annum durabit. Si verò locum quempiam inungere libeat, eo dessiccato scintilla quælibet diffusa ardebit continuè; nec aquâ extingui potuerit. Et hæc est prædicti ignis compositio.

Re. Alkitran, colofoniam sulfuris crocei, olei ovorum sulfurinum [7]. Sulfur in marmore teratur; quo facto . . . . . [8] oleum superponas. Deinde tectoris limaginem ad omne pondus acceptam [9] insimul pista et inunge.

Sequitur alia species ignis quo Aristoteles domos in montibus sitas destruxit incendio, ut et mons ipse subsideret [10].

Re. Balsami *li.* I, Alchitran [11] *li.* V, oleum ovorum et calcis non extinctæ, ana *li.* x. Calcem teras cum oleo, donec una

l'Inde. Suivant ce grammairien, c'étoit dans l'Inde qu'Aristote avoit écrit le Traité dans lequel il parloit du gouvernement de 255 Etats différens. Ἁμίλει καὶ συνάδουσιν [Ἀριστοτέλης αὐτῷ [Ἀλεξάνδρῳ] μέχρι καὶ ἴσα τῶν Βραχμάνων, ἔνθ᾽ ἴσ]ησι τὰς διακοσίας πεντήκοντα πέντε πολιτείας. Mais il est certain et prouvé, qu'Aristote n'a point accompagné Alexandre dans l'expédition de ce prince en Asie.

1. Ms. 7158, *Autumno.*
2. Id. *In sperâ de auricalco.* C'est la leçon des deux manuscrits.
3. Ms. 7158, *Stangni.*
4. Id. *formetur.*
5. Id. *Inde.*
6. Id. *14es.*
7. *Colofoniam, sulfuris crocei, olei ovorum sulfurinum.* Telle est la leçon des deux Mss.
8. Peut-être faut-il remplir ainsi la lacune, *manu versum.*
9. *Tectoris* limaginem *ad omne pondus acceptam*: la leçon des deux Mss. est la même; seulement le Ms. 7158 porte *imaginem.*
10. Ms. 7158, *Succenderet.*
11. Id. *Alquitren.*

LIBER IGNIUM.

fiat massa. Deinde inungas lapides ex ipso et herbas ac renascentias quaslibet, in diebus canicularibus, et sub fimo ejusdem regionis sub fossâ dimittes; primo namque autumnalis pluviæ dilapsu succendetur terra et indigenas comburet igne. Aristoteles namque hujus ignem annis ix durare[1] asserit.

Compositio inextinguibilis, facilis et experta.

Re. Sulfur vivum, colofoniam, aspaltum classam[2], tartarum, piculam navalem, fimum ovinum aut columbinum. Hæc pulverizata subtiliter dissolve petroleo; post in ampullâ reponendo vitreâ, orificio bene clauso, per dies xv in fimo calido equino subhumetur. Extractâ vero ampullâ, distillabis oleum in cucurbitâ, lento igne ac cinere mediante, calidissimè et subtile, in quo si bombax intincta fuerit ac incensa, omnia, super quæ arcu vel balistâ projecta fuerit, incendio concremabit.

Nota, quòd omnis ignes inextinguibilis iiii rebus extingui vel suffocari poterit. Videlicet, cum aceto acuto[5], aut cum urinâ antiquâ vel arenâ, sive filtro ter in aceto imbibito et tociens desiccato, ignem jam dictum suffocat.

Nota, quòd ignis volatilis in aëre duplex est compositio. Quorum primus est:

Re. Partem unam colofoniæ, et tantum sulfuris vivi, partes vero salis petrosi[4]; et in oleo linoso vel lauri, quod est melius, dissolvantur bene pulverizata et oleo liquefacta. Post in cannâ, vel ligno concavo reponatur et accendatur. Evolat enim subito ad quemcumque locum volueris, et omnia incendio concremabit.

(*) Secundus modus ignis volatilis hoc modo conficitur.

---

1. Ms. 7158, *durasse.*
2. *Classam.* Leçon des deux Mss.
3. Le Ms. 7158 porte de plus, *sive forti.*
4. Peut-être faut-il suppléer le chiffre vi.
(*) Premier article qui se trouve dans le Traité, *De Mirabilibus*

Re. Acc. *li.* I sulfuris vivi; *li.* II carbonum tilliæ (*vel* cillie [1]) vel salicis; VI *li.* salis petrosi, quæ tria subtilissimè terantur [2] in lapide marmoreo. Postea pulverem ad libitum in tunicâ reponatis volatili, vel tonitruum facientem.

Nota, tunica ad volandum debet esse gracilis et longa, et cum prædicto pulvere optimè conculcato repleta. Tunica vero tonitruum faciens debet esse brevis et grossa, et prædicto pulvere semiplena, et ab utrâque parte fortissimè filo ferreo bene ligata.

Nota, quòd in quâlibet tunicâ parvum foramen faciendum est, ut tentâ impositâ accendatur, quæ tenta in extremitatibus fit gracilis, in medio verò lata et prædicto pulvere repleta.

Nota, quòd ad volandum tunica plicaturas ad libitum habere potest: tonitruum vero faciens, quam plurimas plicaturas.

Nota, quòd duplex poteris facere tonitruum atque duplex volatile instrumentum: videlicet tunicam includendo.

Nota, quòd sal petrosum est minera terræ, et reperitur in scrophulis contra lapides. Hæc terra dissolvitur in aquâ bulliente, postea depuratâ et distillatâ per filtrum, et permittatur per diem et noctem integram decoqui, et invenies in fundo laminas salis conielatas cristallinas.

Candela quæ, si semel accensa fuerit, ampliùs non extinguetur; si vero aquâ irrorata fuerit, majus parabit [3] incendium.

Mundi, attribué à Albert le Grand, page 188: *Ignis volans: Accipe libram unam sulphuris, libras duas carbonum salicis, libras sex salis petrosi: quæ tria subtilissimè terantur in lapide marmoreo; postea aliquid posterius ad libitum in tunicâ de papyro volanti vel tonitruum faciente ponatur.*

Tunica ad volandum debet esse longa, gracilis, pulvere illo optimo plena; ad faciendum vero tonitruum brevis grossa et semiplena.

1. Ce mot ne se trouve pas dans le Ms. 7158.
2. Ms. 7158, *pulverizantur*.
3. Id. *præstat*.

LIBER IGNIUM.

Formetur spera de ære ytalico; deinde accipies calcis vivi partem 1, galbani mediam, et cum felle tortucæ ad pondus galbani sumpto conficies. Postea cantarides quot volueris accipies capitibus et alis abscisis, cum æquali parte olei zambac teres [1], et in vase fictili reposita, LX diebus sub fimo reponatur equino, de quinto in quintum diem fimum renovando. Sic olei fetidi et crocei speciem assumit, de quo speram illinias; quâ siccatâ, sero inungatur, post igne accendatur.

Alia candela quæ continuum præstat incendium. Vermes, nocticulas cum oleo zambac puro teres, et in rotumbâ vitreâ ponas, orificio lutato cerugi,[2] et sale combusto bene recluso, et in fimo, ut jam dictum est, equino reponendo; quo soluto, speram de ferro Judaico vel auricalco undique cum pennâ illinias, quæ bis inuncta et desiccata igne succendatur, et nunquam deficiet; si vero attingat pluvia, majus præstat incendii incrementum.

Alia quæ semel accensa diuturnum præstat incendium sive lumen.

Re. Nocticulas quando incipiunt volare, et cum æquali parte olei zambac commista XLIII diebus sub fimo fodias equino, quo inde extracto ad quartam partem [3] istius assumas fella testitudinis, ad sex [4] vero fella mustelæ, ad medietatem $\frac{1}{2}$ [5]

1. *Olei zambac teres.* Telle paroît être la leçon des deux Mss.; si ce n'est que dans le Ms. 7158 les deux derniers mots pourroient être, *zambac tres.*

2. *Cerugi.* Telle est, à ce qu'il paroît, la leçon du Ms. 7156; mais le Ms. 7158 porte *cerâ lutato.*

3. Ms. 7158, *in quo ad 4 pts.*

4. Id. *de felle testitudinis.*

5. *Ad medietatem $\frac{1}{2}$.* C'est ainsi que l'on a cru devoir lire dans le Ms. 7156; parce qu'immédiatement après le mot *medietatem* on y voit le signe, par lequel le *semissis* est indiqué dans presque tous les Mss., et que l'on ne pouvoit représenter ici d'une manière exacte, à moins de le faire graver exprès. Selon toute apparence le mot *medietatem*, dans notre Ms., n'est que l'interprétation du signe dont nous parlons; cela est d'autant plus probable que dans le Ms. 7158, le signe est omis.

LIBER IGNIUM.

fel furonis. In fimo repone, ut jam dictum est, deinde extrahe; in quolibet g°.[1] vase lichinum[2] cujuscumque generis pone de ligno, aut latone vel de ferro, vel de ære. Ea tandem hoc oleo permixta, et accensa, diuturnum præstat incendium. Hæc autem opera prodigiosa et admiranda Hermes et Tholomeus[3] asserunt.

Hoc autem genus candelæ, nec in domo clausâ nec apertâ nec in aquâ extingui poterit, q. e[4].

Re. Fel tortuginis, fel marini leporis sive lupi aquatici, de cujus pelle tyriaca[5] fit; quibus insimul collectis quadrupliciter noctulicarum capitibus ac alis præscisis[6] adiciens, totumque in vase plumbeo vel vitreo repositum in fimo subfodias equino, ut dictum est, quod extractum quidem[7] oleum recipies.... Veruntamen denuo[8] æquali parte prædictorum fellium, et æquali nocticularum admiscens, sub fimo XL diebus subfodias per singulas ebdomadas fimum renovando[9]: quo jam extracto de radice herbæ, quæ cyrogaleo[10] nomine et nocte lucet, pabulum factum et[11] hoc liquore[12] perunctum et crucibolo erreo[13] vel lapideo loto de aquâ ab herbâ extractâ, et de hoc liquore modicum superfun-

1. *G°.* Ainsi portent les deux Mss.; peut-être faut-il lire *grosso*.
2. Ms. 7158, *lichinium*.
3. Id. *Ptolomæus*.
4. *Q. e.* Ces deux signes, qui ne se trouvent que dans le Ms. 7156, semblent être l'abrégé de *quod est.* Vraisemblablement ils annoncent que par les mots précédens, *hoc autem genus candelæ*, il faut entendre, non l'espèce de bougie dont il a été parlé précédemment, mais celle dont la recette va suivre.
5. Ms. 7158, *tiriaca*.
6. Id. *abscisis*.
7. Id. *quasi*.
8. Id. *de uno*.
9. Ms. 7156, *removendo*.
10. Ms. 7158, *tirogaleonos*, ou plutôt, *tirogaleo, noe*; par abréviation du mot *nomine*.
11. Id. *ex*.
12. Les seize mots suivans ne se trouvent point dans le Ms. 7158.
13. Peut-être faut-il lire *ereo*, (pour *æreo*).

LIBER IGNIUM.

das. Quæ si volueris, omnia repone in vase vitreo, et eodem ordine fit. In quolibet enim loco repositum fuerit continuum præstat incendium.

(*) Candela quæ in domo relucet ut argentum.

Re. Lacertam nigram vel viridem, cujus caudam amputa et desicca, nam in caudâ humorem argento vivo similem reperies. Deinde quodcumque lichinium in illo illinitum [1] ac involutum in lampade locabis vitreâ aut ferreâ, quâ accensâ mox domus argentum induet colorem, et quicquid in domo illâ erit, ad modum argenti relucebit.

Ut domus quælibet viridem induat colorem et aviculæ coloris ejusdem volando.

Re. Cerebrum aviculæ in panno tentam involvens, et baculum inde faciens vel pabulum, et in lapide [2] viridi novo cum [3] oleo olivarum accendatur.

(**) Ut ignem manibus gestare possis sine ullâ læsione;

(*) Second article qui se rapporte à celui qui se trouve dans le Traité intitulé, *Libellus de Mirabilibus Mundi*, et attribué à Albert le Grand, pag. 181.

Lichinium pulchrum, quod cum accenditur, omnia videntur alba et argentea : accipe lacertam et abscinde caudam ejus, et accipe quod exit, quia est simile argenti vivi. Deinde accipe lichinium, et madefac cum oleo, et pone ipsum in lampade novâ et accende : domus ejus videbitur splendida et alba vel deargentata.

1. Ms. 7158, *intinctum.*
2. Id: *lampade.*
3. Id: *cum* abest.

(**) Troisième article qui se trouve dans le Traité, *De Mirabilibus Mundi*, page 186.

Ut ignem illæsus portare possis; cum aquâ fabarum calidâ calx dissolvatur et modicum terræ rubeæ de Messissâ, postea parum malvivisci *adjicias: quibus insimul conjunctis vel commixtis palmam illinias, et dessiccari permittas; et sic eum ignem quolibet illæsus portare poteris.*

On peut aussi à cet article, en rapporter un autre qui se trouve dans le même Traité, *De Mirabilibus Mundi*, pag. 184.

Si vis in manu tuâ portare ignem, ut non offendat, accipe cal-

cum aquâ fabarum calidâ calx dissolvatur; modicum terræ de Mich'nâ, dico messine [1]; post partem malvevisci al [2] adicies. Quibus insimul commistis palmam illinias et desiccari permittas. Sic enim est.

Ut aliquis sine læsione comburi videatur.

Alteam cum albumine ovorum confice, et corpus perunge et desiccari permitte. Deinde decoque cum vitellis ovorum iterum commiscens terendo super pannum lineum. Post sulphur pulverizatum superaspergens accende.

(*) Candela contra quam si manus apertas tenueris tam citò extinguetur; si verò clauseris, ignis subitò revertetur; et hæc millies, si vis, poteris facere.

Re. Nucem indicam vel castaneam, eamque cum aquâ camforæ conficias et manus cum eo inunge, et fiet confestim.

Confectio vini est quam si aqua projecta fuerit accendetur ex toto.

cem dissolutam cum aquâ fabarum calidâ, et aliquantulum magranculis, et aliquantulum malavivisci et permisce illud cum eo bene, et deinde line cum eo palmam tuam et fac siccari, et pone in eâ ignem, et non nocebit.

1. *Terræ de Mich'nâ* (mot abrégé, ce semble pour *Micharnâ* ou pour *Michenâ*), *dico Messine*.

Telle est la leçon bizarre du Ms. 7156. Le Ms. 7158 porte *teræ* (avec une correction interlinéaire, *c*, au lieu de *t*) *de Michinâ*. Vraisemblablement le copiste ou quelque lecteur a voulu annoncer que la leçon *teræ* (pour *terræ*) devoit être changée en *ceræ*. Quoi qu'il en soit, le texte du Traité *De Mira-* *bilibus Mundi* substitue à ces mots corrompus la leçon : *terræ rubeæ de Messissâ*.

2. *Al*. Telle est la leçon du Ms. 7156. Le Ms. 7158 porte *at*.

(*) Quatrième article qui se trouve dans le Traité, *De Mirabilibus Mundi*, p. 183.

Si vis facere, ut quando aperis manus tuas super lampadem, extinguatur lumen, et quando claudis eas, super eam accendatur, et non cesset illud facere : accipe speciem quæ dicitur spuma India; tere eam et deinde confice eam cum aquâ camphoræ, et line cum eâ manus tuas ; deinde aperi eas in facie lampadis, delebitur lumen ejus; et claude, et reaccendetur.

LIBER IGNIUM.

Re. Calcem vivam, eamque cum modico gummi arabici et oleo in vase candido cum sulphure confice, ex quo factum vinum et aquâ aspersâ accendetur. Hac vero confectione domus qualibet adveniente pluviâ accendetur.

Lapis qui dicitur petra solis[1] in domo locandus est, et appositus lapidi qui dicitur albacarinium; lapis quidem ingens est et rotundus, candidas vero habens notas; ex quo vero lux solaris serenissimus procedit radius, quem si in domo dimiseris, non minor quam ex IIII^{or} cereis splendor procedit. Hic in loco sublimi positus et aquâ compositus relucet valde.

(*) Ignem græcum tali modo facies.

Re. Sulfur vivum, tartarum, sarcocollam et picolam, sal coctum, oleum petroleum[2] et oleum commune. Facias bullire invicem omnia ista bene. Postea impone stupas et accende. Quod si volueris extrahere poteris per embotum[3] ut supra diximus. Post illumina et non extinguetur, nisi cum urinâ, vel aceto, vel arenâ.

(**) Aquam ardentem sic facies.

---

1. Ms. 7158, *salis.*

(*) Cinquième article qui se trouve dans le Traité, *De Mirabilibus Mundi*, page 183.

Ignem græcum sic facias : Recipe sulfurem vivum, tartarum, sarcocollam, picollam, sal coctum, petreolum et oleum commune, fac bullire bene : et si quid imponitur in eo, accenditur, sive lignum, sive ferrum, et non extinguitur nisi urinâ, aceto vel arenâ.

2. Ms. 7158, *petrolei.*
3. Ms. 7158, *ambotum.*

(**) Sixième article qui se trouve dans le Traité, *De Mirabilibus Mundi*, page 186.

Aquam ardentem sic facias: Recipe vinum nigrum spissum, potens et vetus, et in unâ quartâ ipsius distemperabis vivæ calcis, sulphuris vivi subtilissimè pulverizati, tartari de bono vino et salis communis albi grossi; postea pone in cucurbitâ bene lutatâ, et desuper posito alembico distillabis aquam ardentem, quam servare debes in vase vitreo.

LIBER IGNIUM.

Re. Vinum nigrum, spissum et vetus; et in unâ quartâ ipsius distemperabis $\frac{1}{2}$ ii sulphuris vivi subtilissimè pulverizati; li. vel ii¹ tartari extracta (*sic*) à bono vino albo, et $\frac{1}{2}$ ii² salis communis grossi; et supradicta ponas in cucurbitâ benè plumbatâ, et alembico superposito distillabis aquam ardentem, quam servare debes in vase vitreo clauso⁵.

(*) Experimentum mirabile, quod facit homines ire in igne sine læsione, vel et portare ignem vel ferrum calidum in manu.

Re. Succum bismalvæ et albumen ovi, et semen psillii et calcem; et pulveriza et confice cum albumine succum zapini et commisce. Et ex hac confectione illinias corpus tuum, vel manum, et dimitte desiccare⁴, et post iterum illinias; et tunc poteris audacter sustinere sine nocumento.

(**) Si autem velis ut videatur ardere illud illinitum vino⁵ benè pulverizato, et videbitur comburi, tantùm accendetur sulphur, nec nocebit ei.

Candela accensa, quæ tantam reddit flammam, quòd crines vel vestes tenentis eam comburit.

Re. Terebentinam et distilla per alambicum sicut aquam

---

1. Ms. 7158, *lib. I.* 2.
2. Id. $\frac{1}{2}$ 2.
3. Dans le Ms. 7156 on lit de plus le mot corrompu *tersu*, qui ne se trouve pas dans le Ms. 7158.

(*) L'article suivant se trouve, comme les six que nous avons déjà notés, dans le Traité, *De Mirabilibus Mundi*, page 186, mais avec les variantes indiquées ci-dessous.

4. Dans le Traité et dans le Ms. 7158 on lit, *et siccari permitte*.

(**) On peut rapporter aux deux articles suivans ceux qui, dans le Traité *De Mirabilibus Mundi*, sont ainsi conçus, page 186.

Asperge de sulphure vero (sic) *benè pulverizato, et videbitur comburi, cum accendetur sulphur, et nihil ei nocebit.*

Si flammam candelæ, quam quis tenet in manu, colophoniam vel picem græcam insufflaveris subtilissimè tritam, mirabiliter auget ignem, et usque ad domum porrigit flammam.

5. *Vino*; c'est ainsi qu'il paroît écrit dans le Ms. 7156. Le Ms. 7158 semble porter *imbicio*.

ardentem, quam impones in vino cui applicatur candela, et ardebit ipsa.

Re. Coloph. 1, picem græcam et ibi subtilissimè tunicam proicies in ignem vel in flammam candelæ.

Ignis volentis in aëre triplex est compositio; quorum primus fit de sale petroso [1] et sulphure, et oleo lini, quibus tribus insimul distemperatis, et in cannâ positis et accensis protinus in aëre sublimetur.

Alius ignis volans in aëre fit ex sale petroso [2] et sulphure vivo, et ex carbonibus vitis vel salicis; quibus insimul mistis et in tentâ de papiro factâ positis et accensis, mox in aërem volat. Et nota, quod respectu sulphuris debes ponere tres partes de carbonibus, et respectu carbonum tres partes salis petrosi.

(*) Carbunculum continuè lumen præstantem sic facies.

Re. Nocticulas quàm plurimas; ipsas contritas in ampullâ vitreâ et in fimo equino calido sepelias et permitte permorari per XV dies; post ipsas remotas distillabis per alambicum, et ipsam aquam in cristallo concavo reponas.

Candela durabilis hoc modo ingeniosè fit. Fiat archa plumbea vel ænea oleo plena intus, et in fundo locetur canale gracile tendens ad candelabrum, et præstabit lumen continuum oleo durante.

1. Ms. 7158, *salepetro.*
2. Id. *Salepetro.*

(*) On retrouve encore cet article dans le Traité, *De Mirabilibus Mundi*, page 188.

Si vis facere carbunculum, vel rem lucentem in nocte: Recipe nocticulas lucentes quàm plurimas, et ipsas contritas pone in ampullâ vitreâ, et claude; in fimo equino calido sepelias, et dimitte morari per quindecim dies; postea distillabis ex eis aquam per alembicum; quam repones vase (sic) de cristallo aut vitro. Tantam enim præstat clariatem, quòd in loco obscuro quilibet potest legere et scribere. Quidam faciunt hanc aquam ex noctilucis, felle testitudinis, felle mustelæ, felle furonis, et canis aquatici; sepeliunt in fimo et distillant ex eis aquam.

PASSAGES extraits des deux Ouvrages de Jér. Cardan, intitulés, l'un, *De Rerum Varietate*, l'autre, *De Subtilitate*.

DE RERUM VARIETATE,

Lib. x, *Cap.* xlix, *Opp. Tom.* iii, *pag.* 193, *Col.* 1.

Referunt autem, quòd si partem unam halinitri sumpseris, addiderisque thuris, olei communis, et lactis lathiridis quintam singulorum partem, decimam sulfuris, ceræ dimidium, candelam conficies, quæ colore, odore, motu ac strepitu, erit admirabilis. Neque hæc ratione carent. Alii vero calce dimidium corticis ovi implent, partemque pyrii pulveris superaddentes, cerâ concludunt, imponuntque aquæ frigidissimæ, nam persæpe ignis accenditur, emicatque flamma.

DE SUBTILITATE,

Lib. ii, *Opp. Tom.* iii, *page* 376, *Col.* 1.

Aqua solet vehementes accendere ignes; quoniam humidum ipsum quod exhalat, pinguius redditur, nec à circumfuso fumo absumitur, sed totum ignis ipse depascitur, quo purior inde factus et simul collectus à frigido alacrior insurgit. Unde etiam ignes qui aquâ excitantur et accenduntur. Constat autem pice navali et græcâ, sulphure, vini fæce, quam vocant *tartarum sarcocollâ*, *halinitro*, bituminis specie, illâ quam vocant *petreolum*. Relatum hoc ad Marcum

LIBER IGNIUM.

Græcum (*sic*). Additur igitur calx viva duplo pondere, et cum ovorum luteis pariter miscentur omnia et in fimo equino sepeliuntur.

Aliud. Sulphuri olei, petreoli, juniperini olei, et halinitri, æquales singulorum partes; nigræ picis, pinguedinum anseris et anatis, stercoris columbini, ejus liquoris quam vocant liquidam vernicem, constat autem oleo seminis lini, rursus singulorum tantundem; asphalti partes quinque: excipe ardente aquâ et in fimo equino sepeli.

Aliud etiam. Vernicis liquidæ, sulphurei olei et juniperini, et ejus quod fit ex lini semine, et petreoli, et lachrymæ lariginæ, partes æquas singulorum; aquæ ardentis tres ac mediam, tum halinitri, ligni laurini sicci in pulverem redactorum quantum sufficit, ut omnia simul mista, luti spissitudinem recipiant. Hæc omnia vitreo vase excipe, et in fimo equino tribus mensibus sepeli.

Si igitur ex his pilæ lignis hæreant, sponte imbribus accenduntur: sed hoc non omninò semper evenit. Illud autem semper evenit, ut jam accensus nullis aquis extinguatur.

Pulvis autem qui facillimè ardet, et cujus flamma vehementer exurit, constat pyrio pulvere et tertiâ sulphuris ac græcæ picis parte.

Porro plura his in libris *De Rerum Varietate* scripsimus: hi autem excercitationem omnium continent locupletem; quæ hîc ratione explicantur.....

Ibid. pag. 379, Col. 2.

[Pyrius pulvis] constat ex tribus partibus halinitri, et duabus salignei carbonis, atque unâ sulphuris: convenitque magnis machinis. Sed mediocribus halinitri partes decem, salignei carbonis tres, sulphuris duæ. Parvis verò halinitri partes decem, carbonis lignorum nucis avellanæ absque nodis, tum sulphuris, partem unam singulorum. Contundantur hæc ligneo malleo, madefacta prius aquâ putei, ne ignem dum tunduntur concipiant. Sunt qui acetum addant, qui ardentem aquam, ac siccent in sole, sed non tundunt tunc : facile enim ignem possent concipere. Verum tota cura est, ut omnia sic à terrenâ parte expurgata sint, maxime halinitrum, ut totum ardeat, nec quicquam supersit. Deinde ut ad tenuissimas partes redigatur, sic enim partes partibus optimè hærebunt : hoc fiet si sæpius contundatur, madescat, sicceturque. Tertiò, ut cum perfectus fuerit, in sole siccetur : nam juxta ignem apponere, periculosissimum est.

PASSAGE extrait de l'Ouvrage de J. C. Scaliger, intitulé : *De Subtilitate, ad Cardanum.*

[*Ed. Francof.*, M. DC. XII, *p.* 71.]

EXERCITATIO XIII, § 3.

Nunc de ignibus, igneisque pulveribus atque materiis cùm hîc scribas, eorumque componendorum doceas rationem ; mirum quare non et inde nomen aucupatus sis ; ubi admirabilium modus ignium conficiendorum scriptus est.

Circumferuntur enim multi commentarii, qui ipsos vocant *græcos ignes.* Qui igitur ex Arabicis libris aliquot olim exscripsissem, libenter unum aut alterum subjiciam.

Ignis ferrum destruens : inventum filii Amram. Picis liquidæ, sic enim interpretor *Zerf;* gummi juniperi [quod *Samag Agar* in vocem *sandarax* corruptis vocibus transmutarunt], olei e lacrymâ terebinthi, olei ex bitumine, olei de sulfure, olei de nitro, olei ex ovorum vitellis, olei laurini, singulorum partes senas; pulveris *dhmest* [id est *lauri siccæ*], capur, utriusque in aquâ vitæ macerati, ana, partes quatuordecim; salis petræ ad pondus omnium. Indita in vas vitreum ovis angusti bene lutato et obturato infodiantur in ventre equino per menses sex. Quarto quoque die agitentur; deinde distillentur in seraphino.

Sub his Arabicis alia descriptio Catalanicâ linguâ. Recrementi lacrimæ laricinæ, quod residet ex olei distillatione, olei ejusdem, picis liquidæ, picis cedri, canforæ, bituminis, mummiæ, ceræ novæ, adipis anatis, stercoris columbini, olei ex vivo sulfure, olei juniperini, laurini, lini, canabis, pretrolei, olei philosophorum, olei vitellini, singulorum semilibram; salis petræ libras decem; salis ammoniaci uncias septem. Imbuantur aquâ ardenti omnia, ita ut cooperiantur: tum sepulta in equi ventre tertio quoque die et lectus renovetur. Post hæc extrahatur anima a seraphino: quam spissabis bubuli stercoris pulvere tenuissimo.

In hoc Semimaurus ille canit miracula: vel solis radiis ignem concipere; neque id, in quo est, urere, sed admotâ solâ urinâ aut aceto extingui, injectâve terrâ suffocari posse; in ipsâ aquâ invictum pertinaciter ardere; tantùm abesse ut ab eâ quicquam patiatur.

Hos ignes in vasa conjectos etiam nunc in hostes jaculantur. Id vasis genus apud veteres græcos ἀσλιόχος dicebatur.

Deinde reperi in libello, qui doceret multa salis, multa conficere aluminis genera, ignis confectionem qui sputo accendatur: furibus hunc atque latronibus maximo esse usui.

Olei sulfurini, laricini, cedrini, picis liquidæ ana uncias quatuordecim; sed petræ uncias sedecim : salis ammoniaci, vitrioli, tartari calcinatorum, ana uncias octo : magnetis calcinati, calcis vivæ ex silicibus fluvialibus ana semunciam : sevi, adipis anatis, ana uncias sex. Aquâ vitæ cooperta omnia sepeliuntur in equi ventre per menses tres. In margine scriptum fuit, *in equæ fœtæ ventre.* Quarto quoque die conturbantur : tum igni decoquuntur, quoad abeat liquor et remaneat fæx. Ea vase rupto extrahitur ac teritur. Hæc aspersa pulvere si aquâ perfundantur, igne concepto ardere.

Hæc ego hic posui circulatorum hostis maximus. Quo et illud Ctesiæ Cnidii mendacium apponere liceret. Is ex fluviatili verme indico excipit oleum : cujus illitu, aut aspersu Persarum reges sine ullo igni urbes hostium incendio consumere consuevissent.

Adversa tam efficacibus ignibus natura ea, quam scribit Aponensis, in vicesimâ quartâ sectione : manum succo mercurialis et portulacæ illitam, impune tractare plumbum liquefactum.

www.ingramcontent.com/pod-product-compliance
Lightning Source LLC
Chambersburg PA
CBHW070544050426
42451CB00013B/3169